Passives Einkommen

30 Ideen für Geschäftsmodelle und Businessideen um leicht Geld zu verdienen

Christopher Lodge

1. Auflage

Inhaltsverzeichnis

Warum passives Einkommen?

Die moderne Arbeitswelt befindet sich in einem Wandel. Immer weniger Menschen sind bereit zu einem direkten Tausch von Arbeitszeit gegen Geld. Vielleicht suchst auch Du gerade nach einer Möglichkeit, aus diesem Hamsterrad auszubrechen und freier zu werden. Vielleicht reicht aber auch Deine verfügbare Zeit nicht aus, Dir ein angemessenes und ausreichendes Einkommen zu verschaffen. Und schließlich, in Zeiten der immer unsicherer werdenden Renten, kann es nicht schaden, sich über passive Einkommensströme selbst eine langfristig funktionierende Finanzierungsquelle zur Absicherung des Alters zu schaffen.

Vielleicht hast auch Du diese Idee schon seit einer Weile im Kopf, doch Du weißt nicht, wo und vor allem wie du anfangen sollst? An dieser Stelle kommt unserer Ratgeber ins Spiel. Anhand von 30 Beispielen zeigen wir Dir Möglichkeiten auf, wie Du Dir passive Einkommensquellen erschließen kannst.

Und hier kommt unsere Empfehlung, wie Du diesen

Ratgeber am besten verwendest:

1. Verschaffe Dir durch diesen Ratgeber einen Überblick über die Möglichkeiten des passiven Einkommens.
2. Wähle Dir drei bis fünf dieser Möglichkeiten aus, mit denen Du Dich näher beschäftigen möchtest.
3. Setze Dich intensiv mit diesen Möglichkeiten auseinander.
4. Starte möglichst bald damit, Dir Deine passiven Einkommensquellen zu erschließen, bevor Deine Energie wieder im Sande verläuft.

Passives Einkommen – was ist das genau

Geld verdienen ohne etwas dafür zu tun? Nein, so einfach ist es dann leider doch nicht. Doch das passive Einkommen widerlegt die Vorstellung, dass die Höhe des erzielbaren Einkommens im direkten Bezug zu einem geleisteten Zeitaufwand steht.

Umgekehrt bedeutet dies nun aber nicht, dass man für ein passives Einkommen gar nichts mehr tun muss. Manchmal steht sogar tatsächlich harte Arbeit am Anfang, bevor Du die Früchte Deiner Arbeit genießen kannst.

Prinzipiell unterscheidet man zwei Varianten passiven Einkommens:

- Einkommen durch Investitionen (Portfolio-Einkommen) und das

- Äußere passive Einkommen.

Das Portfolio-Einkommen ist dadurch gekennzeichnet, dass Du zunächst etwas besitzen musst, was Du investieren kannst. In den meisten Fällen handelt es sich dabei um Geld. Durch Zinsen, Dividenden oder Mieteinnahmen lässt du also Geld für Dich arbeiten.

Beim äußeren passiven Einkommen entkoppelst Du Deine Arbeitsleistung von dem direkten Bezug zu Deinem erzielten Einkommen. Stell Dir eine Filmfirma vor. Am Anfang wird der Film produziert. Das Einkommen fließt erst dann, wenn der Film in die Kinos kommt. Und natürlich auch immer wieder, wenn er zum Beispiel auf DVD verkauft wird. Manche Filme erzielen auch Jahre nach ihrer Premiere noch Einkommen. So ähnlich kannst Du Dir auch ein dauerhaftes, von Deiner Arbeitszeit losgelöstes Einkommen sichern, zum Beispiel Durch einen Online-Kurs oder ein E-Book.

Wodurch zeichnet sich passives Einkommen aus?

Zusätzlich zu der vorgenannten Unterscheidung zeichnet sich passives Einkommen noch durch weitere Besonderheiten aus, die wir an dieser Stelle kurz beleuchten wollen:

Zeitliche Unabhängigkeit

Wie oben bereits erwähnt, entsteht passives Einkommen nicht im direkten Tausch von Zeiteinheiten gegen Geldeinheiten. Es ist also nicht in der Einheit „Euro pro Stunde“ zu bemessen.

Skalierbarkeit

Die Skalierbarkeit ist einer der wesentlichen Faktoren des passiven Einkommens. Sie bezeichnet die Möglichkeit eines Geschäftsmodells, den Umsatz zu steigern, ohne im selben Rahmen zusätzlich zu investieren, sprich Produktion und Infrastruktur auszubauen oder die Fixkosten zu erhöhen. Der oft hohe zeitliche Arbeitsaufwand, der am Beginn eines solchen Unternehmens steht, wird später nicht mehr benötigt, um das Unternehmen am Laufen zu halten. Zum weiteren Ausbau der geschäftlichen Aktivitäten muss zwar investiert werden, doch nicht in einem so hohen Maße, wie dies in konventionellen Geschäftsmodellen der Fall ist. Die Skalierbarkeit steht damit auch im direkten Gegensatz zum

Austausch von Zeit gegen Geld. Denn der mögliche Zeitaufwand, den beispielsweise ein Unternehmensgründer in sein Geschäft investieren kann, ist begrenzt. Der Tag hat nun einmal nur 24 Stunden und zieht man Zeiten für Schlafen, Essen usw. ab, verbleibt nur ein kleiner Teil des Tages für die Arbeitsleistung. Unterbricht man nun die Abhängigkeit von investierter Zeit in die erwirtschafteten Erlöse und wirft das Unternehmen trotzdem zunehmend mehr Gewinn ab, so spricht man von Skalierbarkeit.

Damit ein Geschäftsmodell skalierbar wird, müssen bestimmte Faktoren berücksichtigt werden. Hohe Anfangsinvestitionen, zum Beispiel in Produktionsanlagen, schließen Skalierbarkeit in der Regel aus. Denn wenn die Kapazitätsgrenze dieser Anlagen erreicht ist, lässt sich der Umsatz nicht mehr steigern, ohne dass die Fixkosten sprunghaft ansteigen. Skalierbare Geschäftsmodelle zeichnen sich daher durch einen geringen Anteil an Anlagevermögen aus. Weiterhin muss eine hohe Automatisierungsmöglichkeit gegeben sein. Online-Shop-Software wickelt den Verkauf heute überwiegend selbständig ab. Sämtliche Prozesse, etwa das Anlegen von Kundendaten oder der Versand von Bestell- und

Versandbestätigungen läuft automatisiert ab. Der Fokus skalierbarer Geschäftsmodelle liegt ganz klar auf Marketing und Vertrieb. Produktion, aber auch Lagerhaltung und Logistik werden dagegen möglichst ausgelagert.

Finanzielle Unsicherheit

Die Umsätze, die durch passive Einkommen erzielt werden, sind kaum vorhersehbar. Ein Risiko, dem jeder Unternehmer ausgesetzt ist. Wer sich finanzielle Unsicherheit nicht erlauben kann, etwa weil er eine Familie zu versorgen hat, muss trotzdem nicht auf die finanzielle Freiheit verzichten. Fast alle Geschäftsmodelle lassen einen nebenberuflichen Einstieg zu und ermöglichen es so, dem Ziel der finanziellen Freiheit näher zu kommen, ohne die eigene Existenz zu bedrohen.

Du weißt nun, welche Varianten passiven Einkommens es gibt. Doch wenn man ganz am Anfang steht, fällt es oft schwer sich vorzustellen, wie man selbst passive Einnahmequellen erschließen kann. Daher folgen hier nun unsere 30 konkreten Beispiele, aus denen auch Du Dir die Basis für Deine finanzielle

Freiheit schaffen kannst.

30 Geschäftsideen für passives Einkommen

Nachdem wir nun die Basics rund um das Thema passives Einkommen geklärt haben, wollen wir Dich nicht länger auf die Folter spannen. Hier kommen 30 passive Einkommensquellen. Sieh Dir am besten alle in Ruhe an und entscheide dann, welche Ideen und Möglichkeiten zu Dir und Deinem Leben passen.

I. Geschäftsideen für Kreative

Du bist kreativ und hast Spaß daran, Neues zu erschaffen? Das Internet bietet Dir eine Fülle von Möglichkeiten, Dich auszutoben und in Deiner Sparte Einkommensquellen zu erschließen, in denen nicht 1:1 Arbeit gegen Geld getauscht wird. Aber halt, nicht gleich enttäuscht weiterscrollen, wenn Du keine stark ausgeprägte kreative Ader hast. In diesem Fall konzentriere Dich einfach auf Marketing und Vertrieb und überlasse die Ideenentwicklung Deinen Geschäftspartnern oder Freelancern.

1. Blogs

Blogs stehen hier an erster Stelle, auch wenn sie Dir natürlich nicht direkt und auf den ersten Blick ein Einkommen verschaffen können. Sie bieten aber eine ideale Grundlage dafür, Dir passive Einkommensströme zu erschließen. Stichwort ist hier die sogenannte Reichweite. Je mehr Menschen Du für Deine Inhalte interessieren kannst, umso mehr lohnt es sich, Deinen Blog durch die Nutzung verschiedener hier geschilderter Methoden zu monetarisieren. Nach und nach kannst Du Dir weitere Kanäle erschließen, um Dein Blog bekannter werden zu lassen, zum Beispiel Social Media oder E-Mail-Marketing.

Die Möglichkeiten, deinen Blog zur Erzielung eines passiven Einkommens zu nutzen, sind vielfältig. Geschickt kombiniert, ergeben sich so vielseitige Einnahmequellen. Allerdings solltest Du darauf achten, Dich nicht zu verzetteln. Anstatt x verschiedene Varianten wie mit der Gießkanne über deinen Blog zu verteilen, entscheidest Du Dich am besten für drei bis fünf Methoden, die zu Dir und Deinem Herzensthema passen. Befasse Dich intensiv mit den von Dir ausgewählten Methoden. Je mehr Du Dich auskennst, desto gewinnbringender ist dies für Deinen Blog. Das heißt nicht, dass Du an die einmal gewählten Varianten gebunden bist. Wenn Du feststellst, dass etwas nicht funktioniert, solltest Du es wieder verbannen und Dich einträglicheren Geldquellen zuwenden.

Hier mal einige Beispiele, wie Du hier vorgestellte passive Einkommensmethoden mit deinem Blog kombinieren kannst:

- Stelle Produkte vor, die zu Deinem Herzensthema passen und verdiene durch Affiliate-Marketing Provisionen.

- Gleiches gilt natürlich auch für das Amazon-Partnerprogramm.

- Kopple eine Nischenseite mit Deinem Blog.

- Erstelle ein Logo mit hohem Wiedererkennungswert für deinen Blog und vermarkte es auf T-Shirts, Hoodies, Tassen usw. an Deine Fans.

- Verschenke ein E-Book als Freebie und erhalte im Gegenzug die E-Mail-Adressen Deiner Besucher.

- Mache Dir durch vielfältige Informationen und hochwertigen Content einen Namen und vermarkte Dein Wissen über Online-Kurse.

- Werde durch hohe Reichweite zum Influencer und verdiene Geld mit Werbung oder Produkttests.

Dies sind nur einige von zahlreichen Möglichkeiten. Passives Einkommen über Blogs funktioniert. Vergiss jedoch nicht, dass anfangs gewisse Investitionen notwendig sind, um die Erzielung von passivem Einkommen ins Rollen zu bringen.

2. Influencer-Marketing

Influencer-Marketing, das ist sozusagen Mundpropaganda im Internet. Die Bezeichnung leitet sich von dem englischen Wort „to influence“ ab, was übersetzt „beeinflussen“ bedeutet. Als Influencer bist du also ein Meinungsmacher mit Einfluss auf ein bestimmtes Publikum.

Eine Studie hat bereits eine große Zahl an Influencern identifiziert. Mehr als vier Millionen Menschen zählen bereits dazu. Gemeint sind Menschen, die sich online einen Namen gemacht und eine größere Reichweite aufgebaut haben, zum Beispiel durch Blogs oder Youtube-Videos. Sie haben in den sozialen Medien wie Facebook, Twitter oder Instagram eine große Anzahl von Followern und gelten als verlässlich und vertrauenswürdig.

Wenn Du zu diesem Kreis von Bloggern und Experten dazu gehörst, dann dürfte es Dir relativ einfach gelingen, Dir ein passives Einkommen aufzubauen. Influencer-Marketing funktioniert, indem Du Deine Reichweite nutzt, um Menschen Unternehmen und

Produkte vorzustellen. So bekommst Du zum Beispiel kostenfreie Produkte zur Verfügung gestellt, die zu den Themen und Inhalten deines Webauftrittes passen. Oft werden diese Produkte in einem Produkttest vorgestellt. Ganz grundsätzlich geht es darum, eine bestimmte Marke oder eben ein spezielles Produkt in den Fokus Deiner Follower zu rücken und zum Gesprächsgegenstand zu machen. Es geht nicht darum, gezielt etwas zu verkaufen, sondern den Bekanntheitsgrad von Waren, Dienstleistungen, Marken oder Firmen zu steigern.

Um Dich als Influencer zu qualifizieren benötigst Du, wie oben bereits angemerkt, eine gute Social Media Präsenz und eine größere Anzahl von Followern. Durch Deine Beiträge und Themen hast Du Dir ein Image aufgebaut, das von Zuverlässigkeit und Vertrauenswürdigkeit geprägt ist. Die Leute glauben Dir, dass Du ehrlich über ein Produkt berichtest. Dann steht Deiner Karriere und Verdienstmöglichkeit im Influencer Marketing Nichts mehr im Wege.

3. T-Shirt-Design

Du kannst gut zeichnen oder hast immer einen flotten Spruch auf Lager? Mache Dein kreatives Talent zu Geld und designe T-Shirts (und natürlich auch andere Produkte wie Sweatshirts und Hoodies, Stoffbeutel, Tassen, Mousepads usw.) mit Deinen Ideen. Ob Du Dich dabei auf allgemeine Themen konzentrierst oder Dich auf einen speziellen Bereich oder Dein persönliches Hobby konzentrierst, bleibt Dir überlassen. Auf Plattformen wie Spreadshirt kannst Du Dein Design zur Verfügung stellen und verdienst so an jedem Produktverkauf mit. Du kannst sogar selber festlegen, in welcher Höhe Du mitverdienen möchtest. Der Preis, für den das T-Shirt im Shop angeboten wird, steigt dann entsprechend.

Der Vorteil beim T-Shirt-Design ist, dass es sich dabei um ein relativ überschaubares Projekt handelt. Egal, ob Du gerade am Anfang Deiner Design-Karriere stehst oder weit fortgeschritten bist: Das Wissen, welches Du Dir in der Anfangszeit angeeignet hast, verfällt nicht. Du kannst mit einfachsten Mitteln starten und zunehmend professionellere Hilfsmittel nutzen. Das Schema, mit dem Du Geld verdienst, bleibt gleich.

Doch auch wenn Du selbst nicht unbedingt ein kreativer Kopf bist, kannst Du über das T-Shirt-Design zu einem passiven Einkommen gelangen. Dazu eignen sich insbesondere die beiden im Folgenden beschriebenen Wege:

1. Du greifst auf frei verfügbare Bilder und Grafiken zurück. In entsprechenden Börsen wie zum Beispiel Pixabay findest Du eine schier unendlich große Auswahl an Bildern und Grafiken. Zum Teil dürfen diese sogar gewerblich kostenfrei genutzt werden.

2. Du greifst auf die Dienste von Profi-Designern zurück. Auf diese Weise erhältst Du wahrscheinlich bessere Designs, als Du selbst hättest erstellen können. Das Prinzip der Arbeitsteilung funktioniert tatsächlich auch im Online-Business. Lasse Leute für Dich arbeiten, die besser designen können als Du. Diese verkaufen Dir ihre Grafiken zu einem einmaligen Preis und Du kannst langfristig an diesen verdienen. Natürlich gibt es auch jetzt noch genug zu tun. Die Grafiken müssen hochgeladen

und mit passenden Keywords getaggt werden. Und dann braucht es auch noch etwas Geduld, bis Deine Designs nicht nur online sind, sondern zum Beispiel auch in der Google Bildersuche erscheinen und im Internet von Deiner Zielgruppe wahrgenommen werden.

4. Stockfotografie

Stockfotografie bedeutet, im Gegensatz zur Auftragsfotografie, dass Du Bilder nicht nach Vorgabe für einen bestimmten Käufer produzierst, sondern sozusagen auf Vorrat. „To have in stock“ bedeutet auf Deutsch so viel wie „auf Lager haben“. Das heißt, Du machst Fotos und bietest sie auf entsprechenden Onlinebörsen an. Hier gibt es inzwischen zahlreiche verschiedene Möglichkeiten, z. B.

- iStock
- Shutterstock
- Fotolia

um nur einige zu nennen. Hier kannst Du Deine Bilder einstellen. Möchte jemand eines Deiner Werke nutzen, so erhältst Du eine Lizenzgebühr. Die Konkurrenz ist groß in diesem Bereich und daher lohnt es sich kaum, mit der Handycam auf Motivsuche zu gehen. Wenn Du aber ohnehin bereits gut und mit entsprechender

Ausrüstung fotografierst, bietet sich Stockfotografie an, um Deiner finanziellen Freiheit ein Stück näher zu kommen.

Stockfotografie hat einige Parallelen zum T-Shirt-Design. Um langfristig Erfolg zu haben, genügen wenige „Wahnsinnsbilder" leider nicht. Du benötigst eher eine große Zahl an Fotografien. So kannst Du zum Beispiel bestimmte Objekte oder Sehenswürdigkeiten aus unterschiedlichen Perspektiven anbieten. Du kannst Dir eine Nische suchen oder Fotos von allgemeinem Interesse anbieten. Um herauszufinden, welche Bilder gesucht werden, solltest Du Dich mit Themen wie Keyword-Suche und dem Tagging Deiner Fotos auseinandersetzen. Denn ganz besonders für das Internet gilt: Gekauft wird nur, was auch gesehen wird.

5. Software-Design

Wenn Du programmieren kannst und in der Lage bist, neue Programme zu entwickeln oder vorhandene Software zu verbessern, dann kannst Du Dir in diesem Bereich durch den Lizenzverkauf ebenfalls ein Standbein durch ein zusätzliches passives Einkommen schaffen. Ohne EDV geht heute so gut wie gar nichts mehr. Wenn Du hier fit bist, steht der Generierung wachsender Einkommensströme kaum etwas im Wege.

Ob Du dabei neue Spieleideen umsetzt oder clevere Businesslösungen entwickelt, bleibt Deinem Talent oder Interesse überlassen. Du kannst nicht selbst programmieren? Vielleicht hast Du aber aus deinem persönlichen oder beruflichen Alltag schon länger eine Idee für eine Software, die der Welt bis jetzt noch gefehlt hat. Dann kannst Du Dir über Freelancer-Börsen wie Gulp oder Freelancermap den passenden Partner an die Seite holen, der eine entsprechende Software nach Deinen Vorstellungen programmiert. Die Arbeitsteilung hat natürlich auch Vorteile, denn Du kannst Dich nun ganz auf die Vermarktung Deines Softwareproduktes konzentrieren.

6. App-Design

Was für das Software-Design gilt, gilt gleichlautend für das App-Design. Allerdings ist auf dem Markt von Tablets und Smartphones noch deutlich mehr Entwicklungsmöglichkeit vorhanden. Clevere, ausgefeilte Programme, die Kapazitäten schonend sind, werden ungebremst nachgefragt. Viele bereits etablierte Softwarelösungen benötigen noch gute Schnittstellen zum Smartphone via App. Hier kannst Du ansetzen, und zwar auch ohne Programmierkenntnisse.

Arbeite mit programmierstarken Freelancern zusammen und konzentriere Dich auf Dein Kerngeschäft: Die Suche nach benötigten und verbesserungswürdigen Apps und die Vermarktung Deiner Lösungen. Auf diese Weise werden Ressourcen optimal genutzt. Du musst nicht gleichzeitig alles tun und profitierst von den Erfahrungen Deines Freelancers. Dieser wiederum profitiert von Deinen Marketingfähigkeiten und pünktlicher Bezahlung. Auf diese Weise lässt sich übrigens in vielen Bereichen die Automatisierung von Geldströmen noch vorantreiben.

Viele Einsteiger sind stolz darauf, als sogenannte Solopreneure ihr eigenes Ding zu machen. Das ist auch gut und richtig so, doch der Erfolg stellt sich in jedem Business erst ein, wenn Du Dir ein funktionierendes Netzwerk aus Geschäftspartnern und Kunden aufgebaut hast.

II. Geschäftsideen im Bereich Marketing und Business

Du interessierst Dich für Unternehmertum, Sales oder Marketing? Dir schwebte immer schon die Idee der klassischen Existenzgründung im Kopf herum, doch hast Deine wahre Leidenschaft noch nicht gefunden? Dann findest Du vielleicht hier genau Deine Geschäftsidee. Kaufmännische Kenntnisse können Dir in diesem Bereich helfen, doch auch als Newcomer oder Quereinsteiger hast Du gute Chancen. Denn wer in den eingefahrenen Strukturen des Offline-Handels denkt, der wird nicht zwangsläufig auch ein Online-Business zum Erfolg führen. Umgekehrt ist es aber mit ausreichend Fleiß und Interesse zu schaffen, sich in die neu gebotenen Möglichkeiten einzuarbeiten und ein Profi für sein Onlinebusiness zu werden.

7. Affiliate-Marketing

Affiliate-Marketing bezeichnet eine reine Online-Vertriebsform, bei der Du Provisionen für Deine Tätigkeit erhältst. Du wirbst also im Internet für die Produkte oder Leistungen eines Anbieters und erhältst je nach Programm eine Vergütung für die Aktivitäten von Kunden bzw. Interessenten.

Der englische Begriff „affiliate“ bedeutet auf Deutsch so viel wie „angliedern“. Deine Leistungen als Affiliate sind also als selbständige Leistungen angegliedert an das Unternehmen, für das Du wirbst, aber eben nicht Bestandteil dieses Unternehmens. Du bist als Affiliate also in aller Regel selbständig. Partner der Affiliates, auch als Publisher bezeichnet, sind Händler oder Werbetreibende, die auch als Merchants oder Advertiser bezeichnet werden.

Affiliate-Marketing funktioniert so, dass der kommerzielle Anbieter Dir Werbematerial (z. B. in Form von Produktlinks oder Bannerwerbung) zur Verfügung stellt, die Du auf Deiner Homepage, einem Blog oder z. B. auch einer Nischenseite einbindest. Je nachdem, wie das gewählte Affiliate-Programm aufgebaut ist, bestehen unterschiedliche Vergütungsmodelle, z. B.:

Pay per Click
Pay per Lead
Pay per Sale
und weitere Modelle.

Bei der Variante „pay per click“ erfolgt eine Vergütung jedes Mal dann, wenn ein Interessent auf ein in Deinen Webauftritt eingebundenes Werbemittel klickt. Ein sogenannter Lead ist ein qualifizierter Kontakt für den Werbetreibenden. Man könnte ihn auch als potentiellen Kunden bezeichnen. Entsprechend bedeutet das „pay per lead“-Modell daher, dass ein Interessent z. B. Werbematerial anfordert und dabei seine Daten hinterlässt. Entscheidet er sich anschließend zum Kauf, so wäre beim „pay per sale“-Modell die Vergütung fällig. Es erklärt sich daher auch leicht, dass eine Vergütung für einen Klick leichter verdient ist, als die für einen Vertragsabschluss. Entsprechend ist sie aber auch geringer vergütet.

Es gibt heute zahlreiche Affiliate-Programme, sodass

Du Dir die Produkte und Dienstleistungen heraussuchen kannst, die entweder zu Deinem schon vorhandenen Webauftritt passen oder mit denen Du langfristig ein passives Einkommen aufbauen kannst. Affiliate-Marketing ist kein Hexenwerk, erfordert aber ein gewisses Verständnis für Onlinemarketing und Suchmaschinenoptimierung (SEO), damit die Werbemittel, mit denen Du Geld verdienen willst, auch wahrgenommen werden. Die Anfangsinvestition ist jedoch gering, sodass Du im Prinzip sofort einsteigen kannst. Suche Dir einen Partner, erstelle Dir eine Webseite (es gibt sogar kostenlose Angebote) und dann kannst Du auch schon damit anfangen, Content zu produzieren und Werbemittel in Deine Seite einzubinden, um Geld zu verdienen. Damit Deine Besucher auch wirkliches Interesse an Deinen Produktlinks entwickeln, benötigst Du für das Affiliate Marketing viel guten Content. Content ist vor allem noch Text. Sauber und fehlerfrei geschrieben sollte er sein, dazu natürlich keywordoptimiert. Wenn Dir dazu das Talent fehlt, suche Dir Texter, die diese Aufgabe gern für Dich übernehmen. Du findest sie über Freelancer-Börsen, aber auch über spezialisierte Portale wie Textbroker oder Content.de.

8. Amazon-Partnerprogramm

Das Amazon-Partnerprogramm ist eines der vielen möglichen Affiliate-Programme und soll hier einmal stellvertretend vorgestellt werden. Amazon ist nach wie vor DIE Handelsplattform im Internet und bietet Dir verschiedene Möglichkeiten, ein passives Einkommen zu generieren.

Über das Amazon-Partnerprogramm erhältst du Vergütungen für qualifizierte Verkäufe. Dabei wird zum Teil nach direkten und indirekten qualifizierten Verkäufen unterschieden. Die Vergütung erfolgt nach sogenannten Standardentgeltsätzen in Prozent und unterscheidet sich in der Höhe je nach Produktkategorie. Damit Du optimal werben kannst, stellt Amazon Dir verschiedene Tools zur Verfügung. Hierzu zählen zum Beispiel Produktlinks in verschiedenen Formen oder auch Bannerwerbung. Fortgeschrittene Partner können die Product Advertising API nutzen und damit auf die Produktdetails von jedem bei Amazon gelisteten Produkt zugreifen.

Das Amazon-Partnerprogramm ist ein durchdachtes, bereits seit langem bestehendes Affiliate-Programm mit einem seriösen und großen Handelsunternehmen als Partner. Wenn Du Deine finanzielle Unabhängigkeit durch passive Einkommensquellen aus dem Bereich Marketing und Handel voranbringen willst, solltest Du Dir dieses Programm in jedem Fall genauer ansehen.

Natürlich ist bei einem so großen Anbieter wie Amazon die Konkurrenz durch andere Affiliates relativ hoch. In jedem Fall musst Du Dir einiges an Wissen aneignen, um in diesem Bereich Erfolg zu haben. Dazu gehört etwa, die passende Produktkategorie zu finden, in der es sich lohnt zu werben. Du benötigst Kenntnisse in Suchmaschinenoptimierung und guten Content, also Inhalte, mit denen Du Interessen weckst. Je mehr Du wahrgenommen wirst, also je höher Deine Reichweite ist, desto wahrscheinlicher ist es, dass Du über das Amazon-Partnerprogramm Umsätze generierst. Hast Du es mit Deiner Webseite erst einmal in die Top 10 oder Top 5 der Suchmaschinen geschafft, dann wird diese passive Einkommensquelle zu einem Selbstläufer, der nur noch gelegentliches Nachjustieren verlangt.

9. Amazon-FBA

Schon wieder Amazon? Ja tatsächlich, denn wie vorab schon erwähnt, bietet die Online-Handelsplattform verschiedene Möglichkeiten, Dir ein passives Einkommen aufzubauen. Machst Du beim Amazon-Partnerprogramm Werbung für andere Handeltreibende, so zählst du als Nutzer von Amazon-FBA selbst zu den Händlern, die Produkte auf der Plattform anbieten. FBA steht für „fullfillment by Amazon“ und bedeutet, dass eben Amazon die Abwicklung, also die Vertragserfüllung, für Dich übernimmt, indem Deine Ware nach Zahlungseingang zügig und sicher in der richtigen Menge versandt wird.

Deine Aufgabe ist es dabei herauszufinden, welche Produkte Du auf Amazon anbieten kannst und solltest, diese günstig zu beschaffen und an Amazon rechtzeitig in den benötigten Mengen zu liefern. Amazon übernimmt für Dich Lagerhaltung und Versand und entlastet Dich somit von zeitintensiven Aufgaben.

Unter Online-Unternehmern zählt Amazon FBA zu den

attraktivsten Möglichkeiten, langfristig interessante passive Umsätze zu erzielen. Ein gewisses Händchen für Produkte ist die Voraussetzung. Dazu solltest Du Dir Fachwissen, zum Beispiel zum Amazon Produkt Ranking, aneignen. Dieses funktioniert ganz ähnlich wie die Suchmaschinenoptimierung.

Du hast noch keine Ahnung, wie Du passende Produkte finden kannst, um sie auf Amazon zu vertreiben und damit auch noch Geld zu verdienen? Nun, wie in fast jedem Online-Business musst Du zunächst eine Nische finden, die noch nicht völlig überlaufen ist. Die hier angebotenen Produkte kannst Du jedoch nicht 1:1 einfach so auch verkaufen, denn dann steckst Du im direkten Preiskampf. Und dieser geht für Newcomer meistens schlechter aus. Suche Dir Produkte, die Du noch etwas optimieren kannst – und sei es zum Beispiel durch eine edlere Verpackung. Um gute Margen zu erzielen findest Du Deine Produzenten und Lieferanten überwiegend in China. Du solltest Dich also nicht davor scheuen, mit chinesischen Firmen in Kontakt zu treten. Dafür benötigst Du ein einigermaßen sicheres Englisch. Mit gutem Schulenglisch und einigen Fachbegriffen kommst Du dabei schon relativ weit. Scheue Dich auch nicht davor, Deine potentiellen Geschäftspartner einmal vor Ort zu besuchen und ihre Fabriken zu besichtigen. Schwarze Schafe gibt es leider überall. Bevor Du einen Großauftrag erteilst und ein paar Tausend Euro nach China transferierst solltest Du Dir sicher sein, dass es Deinen Geschäftspartner und seine Fabrik auch tatsächlich gibt. Die fertig produzierten Artikel lässt Du nun direkt in die Amazon-Lager schicken. Pass auf, dass zusammen mit der Rechnung auch immer mindestens ein Produktexemplar an Dich geschickt wird. Du wirst es brauchen, um gute Produktfotos zu machen (oder machen zu lassen) und um Deinen Artikel möglichst gut beschreiben zu können.

10. Dropshipping

Dropshipping ist dem Amazon FBA Programm ähnlich. Hierbei wirbst Du für und verkaufst Produkte, die Du Dir allerdings nicht selber auf Lager legst. Die Lagerhaltung und die Logistik, also den Versand nach Verkauf, übernimmt nämlich direkt der Hersteller der Produkte. Um das Dropshipping noch einmal deutlich von Amazon FBA abzugrenzen, hier ein Vergleich der beteiligten Akteure:

Amazon FBA:

Produzent (unabhängiger Hersteller, häufig im Ausland)- Händler (Du) - Lager/Logistik (Amazon) – Käufer

Dropshipping:
Produzent (Hersteller) – Marketing und Vertrieb (Du) – Lager/Logistik (Hersteller) – Käufer

Beim Dropshipping verbleibt also ein Aufgabenbereich beim Hersteller, den bei Amazon FBA die

Handelsplattform übernimmt. Wofür Du Dich entscheidest, bleibt dabei Deinen Vorstellungen überlassen. Amazon bietet aktuell wohl die besten Absatzchancen im Online-Handel. Andererseits gibt es immer wieder Produkte, die sich mit dieser Plattform nicht vereinbaren lassen und dadurch besser in kleineren Shops oder sogar via Social Media präsentiert werden. Wichtig ist allerdings, dass Du Dich anfangs möglichst für eine der beiden Varianten entscheidest, denn wenn Du gleichzeitig auf mehreren Hochzeiten den Tanz eröffnest, kommst Du wahrscheinlich nicht besonders gut voran mit Deinem Business.

Der Vorteil des Dropshipping ist, dass Du nicht mit hohen Kosten in Vorleistung gehen musst. Die Lagerhaltungskosten entfallen ebenso, wie die Kapitalbindung durch die Lagerung von Waren und Produkten, die Du verkaufst. Für die Hersteller bist Du ein interessanter Geschäftspartner, weil sie sich auf ihre Kernkompetenzen konzentrieren können und sozusagen Marketing und Vertrieb an Dich als Selbständigen auslagern können.

11. Nischenseiten

Nischenseiten sind ein hervorragender Einstieg in die Welt des passiven Einkommens. Es handelt sich dabei um Webseiten, die sich thematisch mit kleinen Produktkategorien befassen und Wissen und Tipps rund um die entsprechenden Produkte enthalten. Eingebunden sind dann entsprechende Produktlinks, Werbebanner etc., wie im Bereich der Affiliate-Programme vorgestellt. Tatsächlich bieten sich Affiliate-Programme ideal zur Monetarisierung Deiner Nischenseite an.

Nischenseiten sind deshalb so geeignet für den Einstieg, weil Du hier in einem begrenzten Themenbereich Dein Wissen rund um das Onlinemarketing und die Suchmaschinenoptimierung testen und erproben kannst.

Da Nischenseiten mit am häufigsten genannt werden, wenn es darum geht, ein passives Einkommen zu erwirtschaften, erhältst Du hier einmal eine Übersicht darüber, wie eine Nischenseite funktioniert.

Zunächst heißt es, eine passende Nische zu finden. Dafür benötigst Du idealerweise Zugriff auf Folgendes:

- Eine Handelsplattform (z. B. Amazon), die Du nach Produktkategorien durchforsten kannst,
- Eine Suchmaschine (z. B. Google), in der Du nach Treffern suchen kannst und
- Ein Keyword-Tool, mit dem Du die durchschnittliche Anzahl an Suchanfragen nach Deinem Produkt prüfen kannst.

Um Deine Seite zum Erfolg zu führen, solltest Du nun mit den genannten Hilfsprogrammen die Anzahl monatlicher Suchbegriffe nach einem bestimmten Produkt zu den Suchmaschineneinträgen zu diesem Keyword ins Verhältnis setzen. Optimal ist ein hohes Suchvolumen und eine eher geringe Zahl an Einträgen dazu. Sei Dir dabei allerdings bewusst, dass das Thema Nischenseiten nicht neu ist. Du wirst also ggf. eine Weile suchen müssen, bis Du ein Produkt bzw. eine Nische mit einem günstigen Verhältnis entdeckt hast. Vielleicht hast Du aber Glück und eine von Dir gewählte Nische wurde bereits vor längerer Zeit abgegrast. Sieh Dir daher auch unbedingt nicht nur die Einträge in der Suchmaschine an, sondern klicke zumindest ein wenig durch die Top 10 Ergebnisse der von Dir gewählten Keywords. Manchmal sind die vorhandenen Ergebnisse nämlich schon relativ alt und werden nicht weiter gepflegt, weil sich die Betreiber inzwischen längst anderen Projekten zugewendet haben. Dann hast Du gute Chancen, mit einer aktuellen Suchmaschinenoptimierung zu punkten und Dein Ergebnis weit nach vorne zu katapultieren. Ein guter Tipp ist auch, eine Keyword-Kette zu bilden, anstatt nach einem einzelnen „Allerweltskeyword“ zu suchen, zu dem es bereits eine Million Suchmaschineneinträge gibt. Denn – und das ist auch längst kein Geheimnis mehr – erfolgreich bist Du mit deiner Nischenseite nur dann, wenn Du sie mit Deinen Suchbegriffen auf Seite 1 der Suchmaschinenergebnisse platzieren kannst.

Nun geht es daran, einen Anbieter für Deine Webseite auszuwählen und diese Seite mittels Suchmaschinenoptimierung möglichst in den Top 10 der Suchmaschineneinträge zu positionieren.
Die Details der Suchmaschinenoptimierung würden hier natürlich absolut den Rahmen sprengen. Doch dazu gibt es bereits auch zahlreiche gute Tutorials im Netz zu finden. Die Entwicklung Deiner Nischenseite bietet Dir die Möglichkeit des „learning by doing“. Es handelt sich dabei um ein eher übersichtliches Projekt

und Du wirst von den Learnings, die Du dabei machst, in jedem Fall auch für weitere Projekte profitieren.

12. Network-Marketing

Network-Marketing, auch als Multi-Level-Marketing (MLM) oder Strukturvertrieb bezeichnet, ist eine Form des Direktvertriebs. Aufgrund von schwarzen Schafen ist dieses Vertriebssystem zum Teil sehr verschriehen. Zu Unrecht, denn nicht jedes Network-Marketing ist gleichzeitig auch ein Pyramiden- bzw. Schneeballsystem.

Wie unterscheidet sich Network Marketing von einem Schneeballsystem?

Beim sogenannten Schneeballsystem profitieren in der Regel nur dessen „Erfinder" und eventuell noch einige frühe Teilnehmer, also die obersten Hierarchien. Das System lebt ausschließlich davon, neue Teilnehmer anzuwerben, denen die Möglichkeit einer Gewinnbeteiligung in Aussicht gestellt wird. Dabei gibt es oft gar kein Produkt oder nur eines, welches völlig überteuert ist. Charakteristisch für solche Systeme ist außerdem, dass die von den weiter unten angesiedelten Teilnehmern eingebrachten Gelder häufig veruntreut werden. Solche Systeme bringen ihren Teilnehmern Kosten statt Gewinne und sind in vielen Ländern als illegal eingestuft.

Multi Level Marketing ist dagegen eine legale Spezialform des Direktvertriebs. Die angebotenen Produkte oder Leistungen erfordern häufig umfangreiche Beratungsleistungen.

Deine Aufgaben beim Network Marketing

Beim Network Marketing vertreibst Du als selbständiger Berater ein Produkt an Deine Kunden. Gleichzeitig erhältst Du aber auch Provisionen für die Vermittlung neuer Berater an das jeweilige Unternehmen. Multi Level Marketing ist als Vertriebsform nicht neu, gewinnt aber durch die Möglichkeiten des Online-Geschäfts aktuell stark an Bedeutung.

Die Höhe und Art der Ausschüttung Deiner Vergütung, in der Regel handelt es sich um eine prozentuale Umsatzbeteiligung, variiert von System zu System. Um erfolgreich zu sein solltest Du Dich gut mit Deinem Produkt identifizieren können, über umfangreiche Kontakte verfügen und – zumindest online – proaktiv auf Menschen zugehen und verkaufen können.

13. Franchise-Geber

Franchise-Unternehmen bezeichnen Ketten, bei denen die Betreiber (die Franchise-Nehmer) ein fertiges Konzept für ihr Unternehmen einkaufen. Als Franchise-Geber vermarktest Du sozusagen eine fertige Geschäftsidee. Franchise-Ketten bieten einheitliche Produkte oder Dienstleistungen an und nutzen ein gemeinsames Corporate Design. In bestimmten Bereichen sind die unternehmerischen Entscheidungen der Franchise-Nehmer dadurch eingeschränkt. Im Gegenzug profitieren sie von der Bekanntheit der einheitlichen Marke, von kostengünstigen gemeinsamen Werbeaktionen und/oder dem unternehmerischen Fachwissen des Franchise-Gebers.

Wenn Du ein Gespür für Geschäftsideen hast und weißt, wie man eine Marke aufbaut und ein neu gegründetes Unternehmen vermarktet, dann kannst Du Dir über Franchise-Gebühren ein langfristiges passives Einkommen aufbauen.

Franchising-Unternehmen gibt es heute in nahezu

allen Bereichen. Ob Handel oder Dienstleistung, Restaurantkette oder Direktvertrieb, in nahezu jedem Business können Franchise-Systeme umgesetzt werden. Sogar ein reines Online-Business, wie etwa einen Online-Shop, lässt sich mittels Franchising multiplizieren. Allerdings musst Du hier im Regelfall in die Vorinvestition gehen. Franchise-Nehmer wollen sehen, dass das von Dir angebotene System tatsächlich funktioniert. Dazu musst Du Dein Konzept im Regelfall erst einmal selbst in die Praxis umsetzen und erproben. Doch getreu dem Motto, dass sich finanzielle Freiheit nicht von heute auf morgen erzielen lässt, gehört das Franchising trotzdem zu den passiven Einkommensmöglichkeiten. Du musst Dir nur bewusst sein, dass Du hier erst einmal mittelfristig Geld und Zeit einsetzen musst, bevor Du von den Ergebnissen profitieren kannst.

III. Geschäftsideen rund um digitale Infoprodukte

Im Internet gibt es eigentlich Nichts, was es noch nicht gibt. Das WWW ist voll von Wissen. Doch immer wieder fehlt es an gezielt aufbereitetem Content für bestimmte Zielgruppen oder spezielle Themengebiete. Zudem ist Online-Wissen schnell veraltet. Aktuelle Infoprodukte treffen daher den Zahn der Zeit und lassen sich gezielt online vermarkten. Kunden werden durch klassische Werbeformen, zunehmend aber auch durch die Nutzung von Social Media und den Aufbau sogenannter Sales Funnel, geworben. Digitale Infoprodukte haben den Vorteil, dass Du sie, sind sie einmal erstellt, in beliebiger Anzahl verkaufen kannst. Daher zeichnen sich diese Produkte besonders durch eine hohe Skalierbarkeit aus. Die Anfangsinvestitionen sind gering. Um E-Books zu erstellen benötigst Du zunächst einmal nur einen PC oder Laptop und ein Textverarbeitungsprogramm. Online-Kurse kannst Du mit kostengünstiger Hardware selbst über entsprechende Plattformen erstellen. Sammle Dir hier konkrete Ideen und Tipps rund um Dein Online-

Business mit digitalen Infoprodukten.

14. E-Books

E-Books sind, genauso wie klassische Bücher, nicht auf bestimmte Themen oder Genres festgelegt. Du kannst Dein E-Book auf bekannten Plattformen vermarkten oder es auf Deiner Webseite als kostenloses Freebie anbieten. Der Clou dabei ist, dass Du Dein E-Book idealweise gegen die – sehr wertvolle – E-Mail-Adresse Deines Interessenten eintauscht, denn schließlich musst Du ja wissen, wohin Du Dein E-Book verschicken darfst.

Willst Du mit dem E-Book selbst ein passives Einkommen aufbauen, sollte ein werthaltiger Inhalt selbstverständlich sein. Dabei lohnt sich die Investition in ein professionell gestaltetes Cover, mit dem Dein Produkt aus der Masse der Angebote heraussticht.

Wenn Du eher der Verkäufer bist, dann spricht auch Nichts dagegen, Dir für die Erstellung Deines E-Books einen fachlich versierten Ghostwriter zu suchen. Es bleibt trotzdem noch genügend Arbeit für Dich über, wenn Du Dein E-Book optimal bewerben möchtest. Du kannst Dein E-Book selbst anbieten oder über eine Plattform, wie zum Beispiel Amazon, vertreiben. Ein großer Marketplace bietet Dir meistens die höheren Absatzchancen und einen größeren Bekanntheitsgrad von Anfang an. Allerdings konkurriert Dein E-Book hier natürlich auch mit einer wesentlich größeren Anzahl an Konkurrenzprodukten.

15. Online-Kurse

Wie bereits erwähnt ist eigentlich jedes online abrufbare Wissen schon irgendwo im WWW vorhanden, häufig auch mehrfach. Mit einem gut gestalteten Onlinekurs appellierst Du daher an die Bequemlichkeit und Passivität Deiner Kunden. Denn Du bereitest Ihnen notwendiges Wissen so auf, dass sie dieses möglichst schnell und einfach konsumieren können. Dazu solltest Du in der Lage sein, komplexe Zusammenhänge fachlich korrekt und trotzdem einfach darzustellen.

Um Dein digitales Infoprodukt an den Mann oder die Frau zu bringen, bieten sich entsprechende Portale an. Auf der Plattform Udemy kannst Du Deine Kurse nicht nur vermarkten, sondern bekommst schon bei der Planung Deines Kurses wertvolle Hilfestellung.

Damit Du Deinen Online-Kurs möglichst häufig verkaufen kannst, solltest Du allerdings auch selbst Werbung für Dein digitales Infoprodukt machen. Viele Anbieter setzen dabei auf Social Media, denn durch Facebook, Instagram, Twitter und Co. lässt sich mit etwas Geschick und Wissen ein Netzwerk potentieller Interessenten aufbauen.

Am Beispiel von Facebook sei hier einmal exemplarisch beschrieben, wie Du Dir eine hohe Reichweite aufbaust und einen sogenannten Sales-Funnel einrichtest: Zunächst erstellst Du Dir am besten eine Seite zu Deinem Herzensthema. So kannst Du Dein Profil privat und persönlich halten. Social Media lebt von Interaktion. Du solltest Dich hier also keinesfalls rar machen, sondern regelmäßig und häufig neue Inhalte veröffentlichen. Reine Texte werden bei Facebook kaum wahrgenommen, ein Bild sollte zu jedem Deiner Beiträge dazu gehören. Lade zunächst Freunde und Familie ein, Deine Seite zu besuchen, sie mit „gefällt mir" zu bewerten und dadurch zu abonnieren. Sie wird umso erfolgreicher sein, je mehr Aktivität zu verzeichnen ist. Mache Deine Seite interessant, indem Du dafür sorgst, dass ein Austausch stattfindet. Werden Deine Beiträge geliked ist das zwar nett, führt Dich aber noch nicht so richtig weiter. Indem Du am Ende Deiner Beiträge Fragen an Deine Leser formulierst, sorgst Du für einen lebendigen Kontakt. Bitte Deine Freunde und Fans, Deine Seite in ihren Netzwerken zu verbreiten und teile

Sie selbst in geeigneten Beiträgen oder passenden Gruppen – natürlich nur, sofern dies erlaubt ist und nicht gegen die Gruppenregeln verstößt. Da Social Media vom Austausch lebt solltest Du Dich auch immer schnell um persönliche Fragen kümmern, die Deine Webseite per PN erreichen. So sicherst Du Dir eine positive Anzeige Deiner Erreichbarkeit. Jetzt ist es auch an der Zeit, eine eigene Gruppe zu gründen und diejenigen Deiner Follower dahin einzuladen, die „mehr" über Dich und Deine Themen wissen wollen. Du filterst so also zunehmend die Leute, die sich ernsthafter für Dich und Deine Angebote interessieren, heraus. In dieser Gruppe kannst und solltest Du ein wenig von Deinem Wissen gratis Preis geben. Gerade so viel, dass Deine Follower noch neugieriger auf Dein Angebot werden. Schließlich und endlich bietest Du Deinen Onlinekurs nun in Deiner Gruppe an, natürlich zu einem „besonderen Vorzugspreis".

Selbstverständlich ist diese Beschreibung nur eine grobe Basisübersicht über die Möglichkeiten, die Social Media Dir für den Vertrieb Deiner digitalen Infoprodukte bietet. Es gibt noch viel mehr Möglichkeiten, bis hin zu bezahlter Werbung. Und natürlich gibt es auch noch eine ganze Reihe an Tipps und Kniffen, wie Du Deine Reichweite erhöhen kannst, doch würden diese an dieser Stelle den Rahmen sprengen. Zum Glück gibt es bereits eine Fülle guter (zum Teil auch kostenloser) digitaler Infoprodukte, die Dir dabei helfen, Wissen in diesem Bereich aufzubauen.

16. Webinare

Du hast Spaß daran zu unterrichten und Dein Wissen zu teilen? Webinare sind eine von vielen Möglichkeiten für den bezahlten oder unbezahlten Einstieg in die Erzielung passiver Einkommensströme.

Ganz schnell und einfach geht es zum Beispiel für den Anfang mit einem Facebook Live Video. Alternativ stehen Dir aber auch kostenfreie und gebührenpflichtige Webinarplattformen zur Verfügung, mit denen Du auch professionelle und bezahlte Webinare erstellen kannst. Kostenlose Webinare über Facebook und Co. bieten Dir die Möglichkeit, Dich und Deine Inhalte einem Publikum bekannt zu machen. Hier kannst Du auch schonmal ein wenig den Umgang mit der Technik üben. Technische Fehler, die Dir bei einem kostenlosen Angebot meistens noch verziehen werden, werden von zahlenden Nutzern nämlich in aller Regel nicht toleriert. Stell Dich und Dein Thema in diesen Videos vor und gib auch den einen oder anderen Schnipsel von Deinem Wissen preis. Gerade so viel, dass Deine Follower das Gefühl haben, dass sie unbedingt noch mehr von Dir lernen wollen.

Zum Vertrieb gelten ähnliche Möglichkeiten, wie im Bereich der Online-Kurse beschrieben. Natürlich kannst Du Deine Webinare aber auch beispielsweise in passenden Terminsammlungen oder Fortbildungsgruppen präsentieren.

Du kannst Webinare ganz unterschiedlich nutzen. Bist Du beispielsweise als Coach oder Trainer tätig, können Webinare und auch kleine Gruppen- oder 1:1-Chats via Zoom oder Skype Grundlage Deiner Arbeit sein. Vielleicht betreibst Du aber auch einen Onlineshop und suchst eine Möglichkeit, Kunden zu binden oder zusätzliche Einnahmequellen zu generieren? Dann kannst Du zum Beispiel kostenlose Webinare anbieten, in denen Du die Nutzung der von Dir angebotenen Produkte zeigst und erklärst. Oder Du bietest eine kostenpflichtige Wissensvermittlung zu Deinen Themen an. Natürlich ist auch dabei eine geschickte Platzierung Deiner Produkte nicht ausgeschlossen.

IV. Geschäftsideen für Anleger und Investoren

Passive Einkommensquellen für Anleger und Investoren funktionieren dadurch, dass Du Dein Geld für dich arbeiten lässt. Aber halt! Scroll nicht gleich weiter, nur weil Du gerade noch Nichts auf der hohen Kante hast. Nicht für alle Anlageformen benötigt man hohe Geldbeträge. Getreu dem Motto „Spare in der Not, dann hast du Zeit dazu." solltest Du Dir angewöhnen, regelmäßig eine Summe zurückzulegen und zu sparen – und sei sie zu Anfang noch so gering. Möglichkeiten und Ideen, wie Du aus kleinen Summen durch passives Einkommen allmählich größere Summen werden lässt, findest Du bei den folgenden Vorschlägen:

17. Immobilien

Die Investition in Immobilien gilt schon seit Langem als wertvolle und sichere Einkommensquelle. Dies betrifft allerdings insbesondere Renditeobjekte, das heißt also Gebäude und eventuell auch Grundstücke, die Du nicht für eigene Wohnzwecke nutzt. Dabei stehen Dir grundsätzlich zwei Möglichkeiten offen, Einkommen aus Immobilien zu generieren. Zunächst wäre da die Möglichkeit, ein Renditeobjekt anzuschaffen und zu vermieten. Dazu bieten sich sowohl Geschäfst- als auch Wohnhäuser an. Auch Garagen oder Lagerflächen können gesuchte Mietobjekte sein. Eine weitere Möglichkeit ist die Spekulation mit Immobilien. Du erwirbst Objekte günstig, zum Beispiel im Rahmen einer Zwangsvollstreckung, investierst in die Sanierung und verkaufst das Objekt mit Gewinn weiter. Egal für welche Variante Du dich entscheidest, die Investition in Immobilien erfordert relativ hohe finanzielle Reserven. Als Einstieg in die Welt des passiven Einkommens empfehlen sich daher eher andere Möglichkeiten. Die Rendite ist hier jedoch fast überall interessant, besonders wenn das Renditeobjekt in einem Ballungszentrum liegt.

Die Anschaffung von Immobilien erfordert eine größere finanzielle Basis. Allerdings sind heute Immobilienkredite auch so günstig wie nie, das heißt die Zinsen für Immobilienkredite bewegen sich auf einem historisch niedrigen Prozentsatz. So kann es durchaus Sinn machen, aktuell in Immobilien zu investieren, die durch Vermietung und Verpachtung eine langfristige und hohe Rendite versprechen. Wohngebäude und Gewerbeobjekte in gesuchten, dicht besiedelten Gegenden finden fast sicher Mietinteressenten, sodass das Risiko bei entsprechender Marktrecherche eher gering ausfällt. Allerdings vermarkten auch Immobilien sich nicht von alleine. Erfahrene Makler können jedoch gezielt dabei unterstützen.

Eine noch größere Nummer ist natürlich auch der Bau von neuen Wohngebäuden und Gewerbeimmobilien oder gar die Investition in die Erschließung neuer Wohnsiedlungen. Der Immobilienmarkt ist breit gefächert und bietet relativ gut kalkulierbare Renditen – aber eben bei einer vergleichsweise hohen Kapitalbindung.

18. Tages- und Festgeld

Tages- und Festgeldkonten sind eher konservative Geldanlagemöglichkeiten, doch auch sie haben bei der Aufzählung passiver Einkommensquellen durchaus ihre Berechtigung. Insbesondere bei Tagesgeldkonten ist aber die Bedeutung aufgrund immer geringer werdender Renditen in den letzten Jahren ziemlich gesunken. Von Sparbüchern, die häufig überhaupt keine Zinsen mehr einbringen, ganz zu schweigen.

Tagesgeldkonten sind eine Alternative zum Girokonto. Hier können etwas größere Geldbeträge sinnvoll geparkt werden, wenn Du das Geld sicherheitshalber verfügbar halten möchtest. Prinzipiell kannst Du innerhalb kurzer Zeitspannen über die Geldbeträge auf Deinem Tagesgeldkonto verfügen. Die besten Zinsangebote findest Du über Online-Kreditvergleichsportale, z. B. das Vergleichsportal Check24.

Auf Festgeldkonten legst Du Dein Geld für einen längeren Zeitraum an. In der Regel beträgt die Laufzeit ein bis sechs Jahre. Oft gelten bestimmte

Mindesteinlagesummen, die jedoch von Kreditinstitut zu Kreditinstitut sehr unterschiedlich ausfallen können. Auch das Festgeldkonto gehört zu den klassischen Finanzinstrumenten und ist daher im Portfolio nahezu jeder Bank zu finden. Hier gilt das Gleiche wie beim Tagesgeldkonto: Die Verzinsung und damit die Rendite ist gering, aber sicher. Bei Festgeldanlagen liegt der Zinssatz etwa doppelt so hoch wie bei Tagesgeldkonten.

Wenn Du ganz am Anfang Deiner finanziellen Freiheit stehst, dann kann sich die Investition in diese klassischen Finanzmittel durchaus lohnen. Auf diese Weise kannst Du kleine Beträge ansparen und Dir so einen Grundstock an Kapital aufbauen, den Du später wieder in andere Projekte mit höherer Rendite investieren kannst. Hilfreich dabei ist ein sogenannter Sparplan, bei dem monatlich ein fester Betrag von Deinem Girokonto auf Dein Tagesgeldkonto übertragen wird.

19. Aktien

„Wenn Du Aktionär bist, kannst Du an der Börse spekulieren.“ So hieß es schon im Spiel des Lebens und natürlich ist auch im wahren Leben etwas dran an diesem Satz. Aktien gehören zu den bekanntesten Geldanlageformen. Sie versprechen eine gute Rendite, welche allerdings mit einem eher hohen Risiko verbunden ist. Generell lässt sich sagen, dass die Spekulation mit Aktien eher langfristig zum Erfolg führt. Kurzfristige Gewinne und Verluste heben sich oft gegeneinander auf, während ein Depot bei geschicktem Handling langfristig um mehrere Prozentpunkte an Wert zunimmt.

Wenn Du Dir nicht zutraust, selbst auf das richtige „Pferd“, gemeint sind hier natürlich die börsennotierten Unternehmen, zu setzen, dann hast Du auch die Möglichkeit, dich an sogenannten Aktienfonds zu beteiligen, die durch entsprechende Experten verwaltet werden.

20. Kryptowährungen

Eine neuere, internetbasierte Form des Investments stellen die sogenannten Kryptowährungen dar. Der Bitcoin ist inzwischen Vielen ein Begriff, wenngleich er nicht die einzige Onlinewährung ist. Tatsächlich war der 2009 eingeführte Bitcoin die erste digitale Währung. In verschiedenen Ländern und zahlreichen Onlineshops sind Kryptowährungen inzwischen als Zahlungsmittel akzeptiert. Doch bevor Du sie ausgeben kannst, musst Du sie natürlich erst einmal erwirtschaften.

Wie funktioniert das Schürfen von Kryptowährungen?

Das Schürfen von Kryptowährungen wird auch als sogenanntes Mining bezeichnet. Um das Mining zu verstehen, musst Du zunächst wissen, was eine Blockchain ist. Dabei handelt es sich um die Zusammenfassung vorhergehender Transaktionen zu sogenannten Blöcken. Zu jedem Block gehört wiederum ein sogenannter Hashwert, eine Art Prüfsumme, die Betrug verhindert. Denn in diesem Hashwert sind sowohl die Hashwerte der einzelnen

Transaktionen als auch des vorhergehenden Blocks enthalten.

Um einen neuen Block zu erstellen gehst Du als Miner auf die Suche nach einer sogenannten Nonce („number only used once“, also einer einmalig vergebenen Nummer). Bei Bitcoin ist diese Nummer 32 Bit groß. Zum Erraten dieser Nummer benötigst Du eine relativ große Rechnerleistung, weshalb das in der Anfangszeit mögliche Mining mittels CPU oder Grafikkarte heute nicht mehr möglich ist. Wenn Du mit Kryptowährungen Erfolg haben möchtest, benötigst Du daher zunächst spezielle Hardware. Die Investition in diese Hardware kann allerdings durchaus lohnenswert sein. Aktuell werden für die Herstellung eins Blocks 12,5 Bitcoin vergeben. Derzeit entspricht 1 Bitcoin ca. 6.400 US-Dollar bzw. ca. 5.500 Euro.

21. Crowdinvesting

Das Crowdinvesting ist eine noch relative junge Form der Investition. Dabei erhalten innovative Gründer, Startups und Entwickler Geld von vielen einzelnen, oft privaten Investoren. Im Gegenzug bieten die Unternehmen anstelle einer Verzinsung häufig Unternehmensanteile bzw. Gewinnbeteiligungen an.

Crowdinvesting ist ein oft eher risikoreiches Unterfangen, bei dem man Einiges gewinnen, aber auch seinen gesamten Einsatz verlieren kann. Diese Form der Geldanlage ist daher nur zu empfehlen, wenn Du das Geld wirklich übrig hast, es notfalls also auch verlieren kannst. Dafür hast du hier die Möglichkeit, in motivierte und innovative Unternehmen mit neuen und spannenden Produkten zu investieren und bei aufstrebenden Startups von Anfang an dabei zu sein.

22. P2P-Kredite

P2P-Kredite stehen als Abkürzung für peer to peer, zu Deutsch Privatkredite. Kreditgeber und -nehmer treffen sich auf spezialisierten Onlineplattformen, beispielsweise dem Portal Auxmoney. Kreditinteressenten stellen sich hier mit der gewünschten Summe und ihrem persönlichen Finanzierungsprojekt vor. Die Kreditgeber investieren im Regelfall nicht 1:1 in einen Kreditgeber, sondern stemmen die benötigte Summe gemeinsam.

Als Kreditgeber kannst Du entscheiden, ob Du Kreditnehmer persönlich auswählen oder in ein nach gewissen Risikokriterien zusammengestelltes Portfolio investieren möchtest. Das Risiko ist nicht wegzureden, dafür ist die um etwa 7 % liegende Rendite attraktiv. Bei Portalen wie Auxmoney und Co. kann man bereits kleine Beträge investieren. Diese Form des passiven Einkommens eignet sich daher gut um ein Gespür dafür zu entwickeln, welche Investitionen lohnenswert sind und wo das Risiko zu groß wird. Bei Auxmoney kannst Du bereits mit einer Mindesteinlage von 25 Euro starten. Auch ein Grund, warum sich das Portal für den Einstieg in die Welt des passiven Einkommens eignet. In jedem Fall solltest Du P2P-Kredite auf dem Schirm haben, wenn Du anfängst, Dir Dein persönliches Portfolio passiver Einkommensquellen zusammenzustellen.

23. Stille Beteiligung

Von einer stillen Beteiligung spricht man dann, wenn Du Geld in ein Unternehmen investierst, ohne als Investor bekannt zu werden oder Dich an der Entwicklung und Lenkung oder gar dem Tagesgeschäft des Unternehmens aktiv zu beteiligen.

Bei der stillen Beteiligung lässt Du also rein Dein Geld für Dich arbeiten. Ob Du dabei in klassische und gesicherte Unternehmen oder aufstrebende Startups investierst, bleibt Deiner persönlichen Vorliebe und Risikobereitschaft überlassen. Ebenso flexibel sind auch die Gestaltungsmöglichkeiten einer stillen Gesellschaft. So ist die Beteiligung an Verlusten im Regelfall ausgeschlossen, kann jedoch ausdrücklich vereinbart werden. Oder du investierst anstatt in das Gesamtunternehmen in einen bestimmten Unternehmenszweig oder ein konkretes Projekt.

Durch das seit Herbst 2017 scharf geschaltete Transparenzregister bestehen gewisse Grenzen, innerhalb derer Du Dich bewegen solltest. Allerdings ist die Stille Beteiligung keine neue Erfindung sondern eine bereits seit langem angewendete Praxisform der Unternehmensfinanzierung. Als mezzanine Finanzierungsform (oder Hybridfinanzierung) nimmt die Stille Beteiligung eine Zwischenstellung zwischen Eigen- und Fremdkapital ein. Grob gesagt bedeutet dies für Dich, dass Deine Einlage im Falle einer Insolvenz des Unternehmens einen niedrigeren Rang hat, andere Gläubiger also zuerst befriedigt werden.

Aufgrund der vielen rechtlichen und steuerlichen Besonderheiten solltest Du die Hilfe entsprechender Berater in Anspruch für die Gestaltung in Anspruch nehmen. Dann aber ist die Stille Beteiligung eine attraktive Anlageoption und gerade für mittelständische Unternehmen in Deutschland auch heute noch eine der wichtigsten Finanzierungsquellen.

V. Sonstige passive Einkommensmöglichkeiten

Die nachfolgend beschriebenen Möglichkeiten lassen sich nicht so einfach in feste Kategorien pressen. Teilweise bieten sie auch deshalb noch eine Alternative zu den vorgenannten Möglichkeiten, weil sie nicht (zwingend) online ausgeführt werden. Doch natürlich steht spätestens bei der Frage nach Marketing und Vertrieb das WWW wieder an vorderster Stelle. Tatsächlich bietet das Internet oft interessante Möglichkeiten, althergebrachte Geldquellen in einem neuen Licht zu betrachten und so passive Zahlungsströme zu generieren, die offline nicht möglich gewesen wären.

24. Autor werden

Du liebst Bücher und schreibst gerne? Trotz der immer mehr um sich greifenden Digitalisierung – oder vielleicht gerade deswegen – greifen immer noch zahlreiche Menschen gerne zum gebundenen Buch oder zum Taschenbuch. Auch als Autor kannst du daher nach wie vor passiv Geld verdienen. Viele Menschen lieben es, sich die unterschiedlich gestalteten Bücher anzusehen, sie zu befühlen und echte Seiten umzublättern. Ein kreativer Titel und eine gute Illustration auf dem Umschlag helfen dabei, Dein Buch an den Mann oder die Frau zu bringen. Beim Genre solltest Du dich von deinen eigenen Vorlieben und Interessen leiten lassen:

Kinderbücher
Sachbücher
Romane
Krimis und Thriller
Liebesgeschichten
Gedichte
Kurzgeschichten

Am Besten schreibst Du über die Dinge, die Dir etwas bedeuten und in dem Stil, der zu Dir passt.

Wenn Du dir Gedanken machst, ob Deine Fähigkeiten ausreichen, Autor zu werden, dann helfen dir eventuell Kurse, die Dich darauf vorbereiten. Hier gibt es verschiedene Anbieter, die Dich zum Beispiel in Fernkursen darauf vorbereiten, z. B. die SGD oder die Schule des Schreibens.

Dein fertiges Manuskript kannst Du bei einem Verlag einreichen. Dazu wählst du am besten einen Verlag, der sich auf Dein jeweiliges Genre spezialisiert hat. Als Alternative kannst du Dein Buch aber auch im Selbstverlag produzieren. Die Variante des sogenannten Print-on-Demand gibt es bereits seit den 1990-er Jahren. Sie ermöglicht es Dir, Dein Buch gezielt für den jeweiligen Käufer zu produzieren, im Idealfall erst, wenn dieser bereits bezahlt hat. Allerdings sind dabei die Einzeldruckkosten pro Buch höher, als wenn dieses gleich in einer größeren Stückzahl produziert wird. Anbieter wie Book-on-demand.de unterstützen Dich bei der Veröffentlichung Deines Buches bereits ab einer Mindestauflage von einem Stück.

25. Solaranlagen

Solaranlagen sind vor allem dann interessant, wenn Du bereits durch Immobilien passives Einkommen erzielst. Idealerweise prüfst Du beim Neuerwerb einer Immobilie im Vorfeld, ob sich Dach- oder Freiflächen für die Anbringung von Solar-Paneelen eignen. Viele Anlagen tragen sich in der Anfangszeit selbst, das heißt sie refinanzieren sich von selbst durch die Einkünfte, die Du mit ihnen erzielen kannst. Sind die Kosten der Anschaffung abgegolten, erzielst Du im Anschluss weiteres passives Einkommen – und schonst gleichzeitig die Umwelt durch ressourcenschonende Stromgewinnung.

Anders als andere alternative Verfahren der Energiegewinnung, wie etwas Windkraftkräder, werden Solaranlagen von den meisten Menschen als sehr positiv angesehen. Bei modernen Gebäuden, wie zum Beispiel den sogenannten Niedrigenergiehäusern, spielen Solaranlagen auch für das Gesamtkonzept eine wichtige Rolle.

26. Ressourcen vermieten

Nicht nur die eigene Rendite-Immobilie kann vermietet werden. Es gibt zahlreiche Möglichkeiten, auch bewegliches Eigentum oder Mietwohnungen als passive Geldquelle zu nutzen.

So nutzt Du Deine Privatwohnung für passive Einnahmen

Die Untervermietung von Wohnungen oder Räumen hat durch viel genutzte Onlineportale in den letzten Jahren massiv zugenommen. Egal, ob Du ein Zimmer dauerhaft zu viel hast oder während eines Auslandsemesters Deine komplette Wohnung auf Zeit vermieten willst, bei diesen Anbietern kannst Du Deine Räume unter anderem anbieten:

Airbnb
Wimdu
9flats.com
HouseTrip
gloveler

Durch diese Möglichkeit erschließt Du Dir nicht nur

ein zusätzliches Einkommen, sondern hast auch die Chance, tolle und interessante Menschen aus aller Welt kennen zu lernen. Vielleicht kannst Du die Möglichkeiten, die Dir Deine finanzielle Freiheit bietet ja schon bald zu einem Gegenbesuch nutzen? Kunden findest Du unter privaten Reisenden ebenso wie im geschäftlichen Bereich: Monteure, Messebesucher, Vertreter oder Projektbeteiligte nutzen heute zunehmend auch die Möglichkeiten der privaten Zimmervermietung. Die einen freuen sich über ein paar persönliche Worte, wenn sie weit ab von der Heimat und ihren Lieben arbeiten. Andere wiederum mögen den Hotelbetrieb nicht oder haben – gerade in großen Ballungszentren – gar keine andere Möglichkeit, als auch private Unterkünfte zu nutzen. Denn Wohnraum, auch für kurzfristige Aufenthalte ist knapp. Selbst Studenten in München, Berlin oder Köln betreiben heute zu Beginn ihrer Studienzeit mitunter ein gewisses „Wohnungshopping", weil sie zu Semesterbeginn keine Chance auf eine feste Bleibe am Studienort haben. Für Dich ist das eine gute Chance, Dir ein zusätzliches passives Einkommen aufzubauen. Bewährst Du Dich als Gastgeber, kommen Deine Gäste dann bald nicht nur anonym über die Plattformen, sondern auch durch die Empfehlung

Deiner Stammgäste. Denn Mund-zu-Mund-Propaganda funktioniert nicht nur bei gewerblichen Anbietern, sondern auch bei der privaten Zimmervermietung.

Was Du sonst noch vermieten kannst

Doch nicht nur deine privaten Wohnräume kannst Du durch Vermietung zu Geld machen. Hast Du ein Auto, das Du nicht täglich nutzt? Ein Wohnmobil oder einen Wohnwagen. Teures Equipment für ein Hobby, dem Du nicht mehr oder nicht mehr so intensiv nachgehst, z. B. eine Taucherausrüstung oder ein Mischpult? Mach mit diesen Sachen passiv Geld, indem Du sie vermietest. Von privat an privat. Entsprechende Online-Börsen helfen Dir dabei. Hier sind als Beispiel einige Anbieter:

PaulCamper ist die private Wohnmobil-Vermietung in Deutschland.
Bei Drivy kannst Du Dein Auto oder deinen Transporter privat vermieten.
Bei Frents kannst Du privat so ziemlich alles vermieten, was Dir in den Sinn kommt. In mehr als 35 Kategorien von A wie Antiquitäten bis W wie Werkzeug

ist Platz für private Verleihangebote.

27. Musik komponieren

Auch als Musiker kannst Du Dir ein passives Einkommen sichern. Vielleicht denkst Du dabei zunächst einmal an das Naheliegendste: den Verkauf von Tonträgern, also quasi dem Pendant zu den Büchern des Autors. Doch das ist nicht alles. In Deutschland sorgt die GEMA, die Gesellschaft für musikalische Aufführungs- und mechanische Vervielfältigungsrechte mit Sitz in Berlin dafür, dass ihre rund 70.000 Mitglieder zu ihrem Recht, insbesondere zu ihrem Geld kommen. Grob gesagt bedeutet dies, dass die GEMA als Treuhänderin von Nutzungsrechten dafür sorgt, dass öffentlich gespielte Musik ihrem jeweiligen Urheber auch bezahlt wird. Die Nutzer bezahlen zum Beispiel für öffentliche Veranstaltungen Lizenzgebühren an die GEMA, welche die Gelder wiederum an ihre Mitglieder weiterleitet. Dadurch ergibt sich für Texter und Komponisten von Musikstücken eine lebenslange Einnahmequelle, auch unabhängig von modernen Verfahren wie Streaming und Co., die für die meisten Musiker massive Einbußen in ihren Einnahmen bedeuten. Zuständig ist die GEMA übriges nicht nur deutsche Musiker, sondern vertritt im Rahmen von Kooperationen auch weltweit die Rechte von Musikurhebern.

28. Cashback-Programme

Um Dir ein passives Einkommen aufzubauen, musst du nicht zwangsläufig freiberuflich oder selbständig werden. Es gibt durchaus auch Möglichkeiten, im privaten Alltag ein paar Euros nebenbei zu machen. Die Rede ist von sogenannten Cashback-Programmen. Sicherlich hast du von bekannteren Anbietern schonmal gehört. Hier sind zum Beispiel die Payback-Karte und die Deutschland-Card zu nennen. Das Cashback-Verfahren funktioniert immer ähnlich: Kaufst Du bei einem Partnerunternehmen ein und zeigst Die Karte vor, werden Deinem Konto punkte gutgeschrieben. Die Anzahl der Punkte ist dabei im Regelfall abhängig von der Höhe des Umsatzes, den Du beim Einkaufen getätigt hast. Dazu kommen häufig Aktionen, bei denen Du zum Beispiel für bestimmte Einkäufe Extrapunkte oder eine doppelte Punktegutschrift auf Deinen nächsten Einkauf erhältst. Diese Aktionen sind oft lohnenswert, aber in der Regel zeitlich begrenzt.

Am meisten lohnt sich die Nutzung einer Cashback-Karte, wenn Du ohnehin bereits Kunde verschiedener

Partner-Unternehmen bist. Der Registrierungsaufwand ist relativ gering und nur einmalig notwendig. Danach musst Du nur noch die Karte vorzeigen, die Punkte werden Dir dann automatisch gutgeschrieben.

In der Anfangszeit der Cashback-Programme konnte man die Punkte hauptsächlich gegen Prämien, teilweise mit Zuzahlung eintauschen. Diese Prämienshops gibt es nach wie vor, doch bieten auch viele Partnerunternehmen inzwischen an, die gesammelten Punkte bei einem späteren Einkauf zu verrechnen und so mit der Cashback-Karte anstatt mit Bargeld oder EC-Karte zu bezahlen.

Mit Cashback lässt sich zwar nicht das große Geld machen doch getreu dem Motto „Kleinvieh macht auch Mist“ gehören Cashback-Karten eigentlich bei jedem ins Portemonnaie, der sich mit dem Thema passives Einkommen auseinandergesetzt hat.

29. Werbeflächen anbieten

Auch mit der Vermietung von Werbeflächen kannst Du ohne viel Aufwand Geld verdienen. Voraussetzung ist natürlich, dass Du entsprechende Flächen zur Verfügung hast.

Fahrzeugwerbung

Mobile Werbeträger wie Autos, Transporter oder Anhänger sind eine Möglichkeit, Platz für Werbung zu vermieten. Beliebt sind vor allem ausgefallene Werbeträger, wie seltene oder teure Autos. In einer Großstadt findest Du meistens leichter Unternehmen, die Dein Auto für Werbezwecke nutzen möchten. Doch auch auf dem Land kannst Du Erfolg haben, wenn Du kleinen Unternehmen aus der Nachbarschaft Dein Fahrzeug für Werbemaßnahmen zur Verfügung stellst. Die Werbung wird heute zum größten Teil mittels Klebefolien aufgebracht. Dadurch wird Dein Lack nicht beschädigt, sondern im Gegenteil eher noch geschützt. Endet der Vertrag zwischen Dir und dem werbenden Unternehmen lassen sich diese Folien außerdem in der Regel ohne Rückstände wieder entfernen.

Immobilienwerbung

Große Anbieter nutzen gerne auch die Wände Deines Hauses für ihre Werbung. Wenn Du über Freiflächen verfügst, kannst Du diese ebenfalls für das Aufstellen von Werbebannern, Werbetafeln, Hinweisschilder oder das Abstellen von Werbeträgern wie Fahrzeuge oder Anhänger anbieten.

Onlinewerbung

Selbstverständlich bietet auch das Internet Dir Möglichkeiten, Werbeflächen anzubieten, nämlich auf Deinem eigenen Webspace. Wenn Du eine gepflegte und aktuelle Webseite mit spannenden Inhalten betreibst, nutzen Anbieter aus Deinem Segment diese gern für Werbung, beispielsweise durch Banner oder eine bezahlte Verlinkung. Dies funktioniert ähnlich wie bei der Werbung als Affiliate, nur dass Du Dich nicht zusätzlich auf die Werbung für bestimmte Produkte und Angebote konzentrieren musst, sondern lediglich Deinen Webspace bereitstellst und bei Deiner Kernkompetenz bleiben kannst.

30. Erfindungen und Patente

Wenn Du ein kreativer Kopf bist und gute Ideen hast, die Deinen Fachbereich oder Deine Branche weiterbringen, dann solltest Du Deine Ideen schützen lassen. Die Vermarktung von Nutzungsrechten schafft Dir so ein langfristiges passives Einkommen. Dazu sollte allerdings erwähnt werden, dass Patentierungen nicht einfach, sondern eher aufwändige Verfahren sind. Aber je nachdem, wie gut Deine Erfindung ist, lohnt sich dieser Aufwand. Gegebenenfalls solltest Du die Hilfe eines erfahrenen Patentanwaltes in Anspruch nehmen, bevor Du durch einen Fehler bei der Patentierung viel Geld für ein wertloses Patent bezahlt hast.

Das war unsere Top 30 der Geschäftsideen für passives Einkommen

Bist Du schon erschlagen von den vielseitigen Möglichkeiten die das Internet Dir in Bezug auf Deine finanzielle Freiheit bietet oder kannst Du es kaum erwarten, endlich selbst durchzustarten und Dir ein passives Einkommen aufzubauen?

Wir haben versucht, Dir möglichst viele Varianten aufzuzeigen, damit Du selbst entscheiden kannst, in welche Bereiche Du investieren möchtest. Denn ob eine Idee Dir Geld einbringt oder nicht hängt auch stark damit zusammen, wie sehr Du Dich dafür engagierst. Es kann nur noch einmal wiederholt werden, passives Einkommen hat nichts damit zu tun, dass man nicht arbeitet. Im Gegenteil, oft ist ein hoher Aufwand erforderlich, um den Einstieg zu schaffen.

Der Vorteil liegt eben darin, dass Du alleine entscheiden kannst, wann und wie viel Energie und Zeit Du zu investieren bereit bist. Du kannst von

Zuhause aus arbeiten oder von irgendwo auf der Welt. Du kannst nebenberuflich einsteigen oder Dir ein komplettes passives Einkommen aufbauen und vollständig davon leben. Du kannst aus dem Hamsterrad aussteigen und aufhören, Zeit gegen Geld zu tauschen. Oder Du arbeitest weiter, weil es Dir Spaß machst. Vielleicht suchst Du Dir einen neuen Hauptjob, der Dir mehr gefällt, aber weniger Geld einbringt. Durch ein zusätzliches passives Einkommen kannst Du Dir jedoch leisten, einen weniger gut bezahlten Job anzunehmen, in dem Du glücklich wirst. Oder Du arbeitest weniger Stunden und investiert die freie Zeit in Dein Leben, Deine Hobbys oder Deine Familie. Warum auch immer Du daran interessiert bist, Dir ein passives Einkommen aufzubauen, hier findest Du die Möglichkeit dazu

Fazit: Warum Du jetzt gleich loslegen sollest, ein passives Einkommen zu generieren

Sicherlich hast Du bei der einen oder anderen hier vorgestellten Idee schon gedacht: „Wow, das ist sicher auch etwas für mich.“ Dann solltest Du nach Möglichkeit den Rat beherzigen und gleich heute noch damit anfangen, Dir selbst Deine ganz persönlichen passiven Einkommensquellen zu erschließen.

Warum heute?

Der Ausbruch aus der Tretmühle, welches konventionelle Jobs mit sich bringen ist in unserer heutigen Gesellschaft noch nicht flächendeckend anerkannt. Wer sein Leben lang „malochen“ geht, der kann sich nicht vorstellen, dass man auch auf anderen Wegen Geld verdienen und finanzielle Freiheit erlangen kann. Die anfängliche Begeisterung weicht schnell wieder dem Alltagstrott. Erst einmal wieder im Hamsterrad gefangen, wird es Dir deutlich schwerer fallen, Dich dazu aufzuraffen, Dir deine persönlichen passiven Einkommensquellen zu suchen.

Am besten fängst Du damit gleich jetzt an! Suche Dir einige wenige Varianten aus und setze Dich intensiv mit ihnen auseinander. Starte innerhalb der nächsten drei bis fünf Tage mit einem Projekt zu einer dieser Varianten. Viel Spaß beim Machen und auf dem Weg in Deine persönliche finanzielle Freiheit!

Haftungsausschluss

Die Umsetzung aller enthaltenen Informationen, Anleitungen und Strategien dieses Buchs erfolgt auf eigenes Risiko. Für etwaige Schäden jeglicher Art kann der Autor aus keinem Rechtsgrund eine Haftung übernehmen. Für Schäden materieller oder ideeller Art, die durch die Nutzung oder Nichtnutzung der Informationen bzw. durch die Nutzung fehlerhafter und/oder unvollständiger Informationen verursacht wurden, sind Haftungsansprüche gegen den Autor grundsätzlich ausgeschlossen. Ausgeschlossen sind daher auch jegliche Rechts- und Schadensersatzansprüche. Dieses Werk wurde mit größter Sorgfalt nach bestem Wissen und Gewissen erarbeitet und niedergeschrieben. Für die Aktualität, Vollständigkeit und Qualität der Informationen übernimmt der Autor jedoch keinerlei Gewähr. Auch können Druckfehler und Falschinformationen nicht vollständig ausgeschlossen werden. Für fehlerhafte Angaben vom Autor kann keine juristische Verantwortung sowie Haftung in irgendeiner Form übernommen werden.

Urheberrecht

Impressum

1. Auflage

Druckerei: Amazon Media EU S.á r.l., 5 Rue Plaetis,
L-2338, Luxembourg
Kontakt: B&F Commerce GmbH, Christinenstr. 14, 40880 Ratingen
Covergestaltung: www.depositphotos.com

38639879R00059

Printed in Poland
by Amazon Fulfillment
Poland Sp. z o.o., Wrocław